Case Management und multiperspektivische Fallarbeit in der sozialpädagogischen Arbeit mit Erwachsenen

DIFFERENZEN UND GEMEINSAMKEITEN

VON ADELA WAGENKNECHT

STUDIENARBEIT

UNIVERSITÄT TRIER

Inhalt

1.   Einleitung 1

2.   Case Management 3

2.1.   Warum Case Management? 4

2.2.   Modelle und Funktionen des Case Managements...............5

2.3.   Phasen des Case Managements.................................7

2.4.   Case Management in der sozialpädagogischen Arbeit
mit Erwachsenen...16

3.   Multiperspektivische Fallarbeit.................................20

4.   Die Fallperspektiven...23

4.1.   Fall von… 24

4.2.   Fall für... 26

4.3.   „Fall mit" 29

5.   Prozess der professionellen Fallarbeit 31

5.1.   Anamnese 31

5.2.   Diagnose 34

5.3.   Intervention 35

5.4.   Evaluation 37

6.   Gegenüberstellung der Methoden 38

7.   Schluss und Resümee..42

8.   Literaturverzeichnis 44

1. Einleitung

In dem Seminar „Sozialpädagogik der Lebensalter" wurde, unter anderem, das Thema der Multiperspektivischen Fallarbeit thematisiert. Aufgrund unseres Interesses für dieses Konzept haben wir uns entschieden, es in der vorliegender Hausarbeit näher zu beleuchten und einem anderen sozialpädagogischen Konzept, dem Case Management (CM) gegenüberzustellen. Da beide Konzepte der Einzelfallhilfe bzw. der Fallarbeit entspringen, werden die Konzepte in ähnlichen Fällen genutzt, wobei dennoch keine klare Abgrenzung ersichtlich ist und diese deshalb in der Hausarbeit erarbeitet werden soll.[1]Daher lautet der Titel dieser Arbeit wie folgt:

„Case Management und multiperspektivische Fallarbeit in der sozialpädagogischen Arbeit mit Erwachsenen − Differenzen und Gemeinsamkeiten".

Die zentrale Frage der Hausarbeit lautet deshalb: Wie unterscheiden sich Case Management und multiperspektivische Fallarbeit voneinander und welche Gemeinsamkeiten gibt es in der sozialpädagogischen Arbeit mit Erwachsenen?

In der Hausarbeit werden wir zunächst auf das handlungsleitende Konzept des Case Managements eingehen und es definieren.

Im Folgenden werden wir auf die Frage eingehen, warum das Case Management entstanden ist und welche verschiedenen Modelle und Funktionen sich entwickelt haben. Aus diesen Entwicklungen

---

[1] Neuffer in Fachlexikon der sozialen Arbeit, herausgegeben vom Deutschen Verein für öffentliche
und private Fürsorge e.V., Nomos, 6. Auflage 2007, S. 162.

heraus haben sich im CM sechs Phasen ausdifferenziert, nämlich Intake, Assessment, Hilfebedarf und Entwurf der Unterstützungsleistungen, Hilfeplanung, Unterstützungsprozess in Gang setzen, beobachten und steuern und als letzte Phase die Beendigung der Unterstützung welche dann erläutert werden. Des Weiteren wird dann das Case Management in der sozialpädagogischen Arbeit mit Erwachsenen anhand eines Modellprojekts und eines aktuellen Beispiels beschrieben.

Anschließend wird die multiperspektivische Fallarbeit definiert und kurz einführend erklärt, sowie die verschiedenen Fallperspektiven aufgezeigt und ausführlich dargelegt, dazu zählen: Fall von..., Fall für... und Fall mit....

Hierauf folgt eine Verdeutlichung des Prozesses der multiperspektivischen Fallarbeit, der sich durch Anamnese, Diagnose, Intervention und Evaluation auszeichnet. Diese vier Phasen werden auch eingehend beschrieben.

Nachfolgend werden das Case Management und die multiperspektivische Fallarbeit gegenübergestellt. Es werden Differenzen, wie auch Gemeinsamkeiten herausgearbeitet und ein Schaubild erstellt.

Zum Schluss werden wir ein Fazit ausarbeiten, sowie Anregungen zu einer weitergehenden Untersuchung etwaiger offener Forschungsfragen vorgestellt.

2. Case Management

Der Begriff des Case Managements (CM) ist Mitte der 1970er Jahre in den USA entstanden und ist ein handlungsleitendes Konzept in der Sozialen Arbeit.[2]

Neuffer (2007: S. 162) erklärt die Entstehung und das Ziel von CM wie folgt:

„CM entwickelte sich vor dem Hintergrund einer zunehmenden Differenzierung und Sektoriesierung sozialer Dienstleistungen. Ausgangspunkte waren die nachsorgende Hilfe und ambulante Betreuung von psychisch Kranken im Kontext einer gemeindenahen Psychiatrie (Community Care).

Ziel von CM ist es, Fähigkeiten des Klienten zum selbstbestimmten Leben zu fördern, individuelle und im Umfeld liegende Ressourcen zu verknüpfen und höchstmögliche Effizienz im professionellen Hilfeprozess zu erreichen."[3]

Eine einheitliche Definition konnte nach ausführlichen Recherchen nicht gefunden werden, da die spezifischen Arbeitsfelder alle ihre eigene individuelle Deutung des Begriffs entwickelt haben. Allerdings geht es bei jeder Begriffsdefinition von CM in der Pädagogik, um die Organisation von bestimmten Hilfsangeboten, welche auf den Bedarf des Klienten abgestimmt sind.

---

[2] vgl. Stimmer, Franz: Grundlagen des Methodischen Handelns in der Sozialen Arbeit. Kohlhammer 2000, S. 59 f.
[3] Neuffer in Fachlexikon der sozialen Arbeit, herausgegeben vom Deutschen Verein für öffentliche und private Fürsorge e.V., Nomos, 6. Auflage 2007, S. 162.

2.1. Warum Case Management?

Anfang der 1990er Jahre wurden mehrere drastische Veränderungen im Hilfe- und Dienstleistungsbereich vorgenommen. Dies geschah aufgrund von mangelnder Effizienz der Hilfsangebote für Klienten. Die Hilfen waren meist über viele verschiedene Einrichtungen und Träger verstreut und deshalb schlecht miteinander verzahnt. Eine dieser drastischen Veränderungen sollte daher die Koordination und Kooperation der verschiedenen Hilfsangebote organisieren bzw. sicherstellen, wofür dann das Case Management als passende Methode eingeführt wurde. Das Ziel ist daher, die Koordination von Hilfe- und Dienstleistungen für Klienten/Klientinnen individuell zu regeln. Die spezifische Abstimmung der verschiedenen Hilfen soll zu mehr Effizienz und besseren Resultaten bezüglich des individuellen Bedarfs des Klienten führen.[4]

Besonders wenn es um Klienten mit komplexen Problematiken geht, ist oft zu beobachten, dass die Einrichtungen und die diversen Disziplinen der Pädagogik eigenständig agieren und keine entsprechende Kooperation zustande kommt.

Diese Probleme können durch Case Management als Bindeglied zwischen *Nachfrage* (individueller Problematik des Klienten) und *Angebot* (Betreuung durch eine Einrichtung) gelöst werden.

---

[4] vgl. Van Riet, Nora / Wouters, Harry: Case Management – Ein Lehr- und Arbeitsbuch über die Organisation und Koordination von Leistungen im Sozial- und Gesundheitswesen. Interact 2002, S. 32 f.

2.2. Modelle und Funktionen des Case Managements

Die meiner Arbeit zugrundeliegende Literatur befasst sich häufig mit verschiedenen Modellen des Case Managements. Aus Platz- und Zeitgründen konzentriert sich die vorliegende Arbeit auf die drei bekanntesten Basismodelle des Case Managements.

1. Das Maklermodell

   In diesem Modell ist der Case Manager der Vermittler zwischen Klient und Einrichtung, wobei er nicht Mitglied des Behandlungsteams ist. Seine Aufgabe liegt ausschließlich in der Organisation.[5]

2. Individuelle Begleitung/Betreuung

   Der Case Manager ist hier sehr nah am Klienten und begleitet ihn Tag für Tag. Es werden alltägliche Fähigkeiten trainiert sowie die sozialen Netzwerke des Klienten gemeinsam mit diesem gepflegt. Dennoch ist der Case Manager auch hier das Bindeglied zwischen Einrichtung und Klient.[6]

3. Das therapeutische oder >clinical< Case Management

   Hier werden auch therapeutische Arbeiten durch den Case Manager ausgeführt. Dieses Modell ist somit gegen eine Trennung von Case Management und Behandlung und kann den Klienten dadurch eher ganzheitlich betrachten.[7]

---

[5] vgl. Van Riet, Nora / Wouters, Harry, 2002, S. 53.
[6] vgl. Van Riet, Nora / Wouters, Harry, 2002, S. 53 f.
[7] ebenda.

Die Funktionen des Case Managements unterscheiden sich insbesondere je nachdem für wen dieser tätig wird:

- Tätigkeit im Auftrag des Klienten

  Bei dieser Aufgabenstellung geht es dem Case Manager eher um Unterstützungsaktivitäten, die in den Bereichen Wohnen, Arbeit oder auch Unterricht zu finden sind.

- Tätigkeit im Auftrag der Anbieter

  Hier kümmert sich der Case Manager im Wesentlichen um Koordination und Abstimmung, besonders bei Problemen zwischen Klient und Einrichtung. Als Anbieter versteht man hier die Institution, für die der Case Manager arbeitet, wie beispielsweise eine Gemeindepsychiatrische Einrichtung.

Je nachdem, für wen der Case Manager arbeitet, kommt es also zu verschiedenen Funktionen.[8]

---

[8] vgl. Van Riet, Nora / Wouters, Harry, 2002, S. 56 f.

2.3. Phasen des Case Managements

Die Phasen des Case Managements zeigen genau auf, welche Hilfen zu welchem Zeitpunkt angebracht sind und wie der Hilfeprozess vonstattengeht. Die folgenden Phasen beschreibt Neuffer (2009) in einem aktuellen Buch.[9]

2.3.1. INTAKE, KLÄRUNGSHILFE, ERSTBERATUNG

Zu Beginn der Fallarbeit sollte zuerst die Situation des Klienten grob erfasst werden. Dabei ist es wichtig, durch den Klienten selbst und auch durch sein Umfeld Informationen einzuholen und abzuklären, aus welchem Grund Hilfe gegeben werden soll. Dabei sind es oftmals Verwandte oder Freunde, die den Anstoß geben. Falls die Klienten allerdings zu einer Inanspruchnahme von Hilfe gezwungen werden, ist dies die schlechteste Ausgangsbedingung für eine effektive Unterstützung.

In einem Erstgespräch geht es primär darum, ein Vertrauensverhältnis herzustellen, wobei beide Parteien offen agieren sollten. Dies führt dann zu einer vorläufigen Abklärung des Problems, was eine fachliche Einschätzung des Case Managers ermöglicht. Besonders in dieser ersten Phase ist es wichtig, so wenig wie möglich einzugreifen, dem Klienten Zeit zu lassen und unter Umständen mehrere Termine zu vereinbaren bis die Fallsituation konkret wird.

---

[9] Ausführliche eigene Recherchen haben gezeigt, dass das dargestellte Modell nach Neuffer (2007, 2009) die Phasen des CM am ausführlichsten betrachtet und beschreibt, weshalb die folgende Übersicht besonders auf dessen Forschungsergebnissen beruht. Zu einem späteren Zeitpunkt werden allerdings auch Ergebnisse von Wouters (2002) und Stimmer (2000) miteinbezogen.

Im Anschluss daran kann der Hilfebedarf abgeklärt und bewertet werden. Im Idealfall wird nach dem Erstgespräch ein Vertrag abgeschlossen, um die Verpflichtung beider Seiten am Hilfeprozess zu dokumentieren.[10]

2.3.2. ASSESSMENT

In dieser Phase spielt die Diagnose, oder auch „psychosoziale Diagnose" eine große Rolle. Allerdings werden dabei oft die Beziehungen zum Umfeld des Klienten und somit generell die Bedeutung sozialer Institutionen in der Klientensituation vernachlässigt. Der Case Manager ist nun dafür zuständig, auch diese Beziehungen in den Hilfeprozess mit einfließen zu lassen. Bezüglich ihrer Struktur vereint die „Assessment-Phase „eine Analyse der Situation, eine Einschätzung und eine Prognose."[11]

Die Basis des Assessment besteht aus der ganzheitlichen systemischen *Analyse*, wodurch eine Verminderung der Problemkomplexität und der Komplexität der vielen Hilfsangebote möglich ist. Außerdem sollte mit dem Klient immer ressourcenorientiert gearbeitet werden und wenn er es zulässt, auch eine ressourcenorientierte Arbeit mit seinem sozialen Umfeld stattfinden. Soziale Beziehungen können häufig unterschätzte Unterstützungsmöglichkeiten bieten, welche der Case Manager unbedingt beachten sollte.

---

[10] vgl. Neuffer, Manfred: Case Management – Soziale Arbeit mit Einzelnen und Familien. 4. überarbeitete Auflage, Juventa 2009, S. 65 ff.
[11] Neuffer, Manfred, 2009, S. 77.

Es folgt eine gemeinsame *Einschätzung* der Situation, wobei hier deren Vorläufigkeit berücksichtigt werden muss da sich die Problemsituation verändern kann und somit eine neue Einschätzung notwendig würde. Der Case Manager muss also herausfinden, welche Bedarfe der Klient benötigt und welche Anforderungen an ihn gestellt werden können. Die Klienten lernen, sich auf ihre belastete Lebenssituation einzulassen und daran zu arbeiten.

Die *Prognose* des Case Managers kann darüber Aufschluss geben, wie der weitere Hilfeprozess und der Verlauf der Arbeit mit dem Klienten aussehen könnten.[12]

2.3.3.   HILFEBEDARF UND ENTWURF DER UNTERSTÜTZUNGSLEISTUNGEN

Die genauen Hilfen für einen Klienten werden in einem sogenannten Hilfeplan festgelegt. In verschiedenen Gesetzesvorschriften (SGB VIII, XII) wurde festgelegt, dass in bestimmten Problemlagen nach einer qualifizierten Beratung Hilfepläne erstellt werden müssen.

Eine Hilfeplanung wird in mehreren Stufen erarbeitet wobei zu Beginn Ziele vereinbart werden und zum Schluss der konkrete Hilfeplan verfasst wird. Die Ziele sollten klar formuliert sein, um dem Klienten einerseits mehr Motivation zu geben und um andererseits zielführende Maßnahmen bestimmen zu können.

Ziele machen es möglich, praktisches Handeln zu reflektieren, was für Sozialarbeiter bzw. in diesem Fall für Case Manager besonders

---

[12] vgl. Neuffer, Manfred, 2009, S. 74 ff.

wichtig ist. Dadurch kann ihre Arbeit nicht nur gemessen, evaluiert und somit gerechtfertigt werden, sondern es wird auch ein Höchstmaß an Effektivität und Effizienz im Hilfeprozess gesichert. Neuffer (2009: S. 100) formuliert in diesem Zusammenhang die Funktion von Zielen wie folgt:„Ziele setzen und sie ständig zu überprüfen, hilft ein optimiertes und zeitsparendes Geschehen zu entfalten."

Grundsätzlich geht es bei Zielen immer darum, einen gewünschten Zustand oder eine Handlungskompetenz in der Zukunft zu beschreiben. Um diese Intentionen auch in der Realität zu erreichen, werden im Hilfeplan unterschiedliche Zielebenen festgesetzt, insbesondere Leitziele, Teilziele und Handlungsziele.

Leitziele:

Leitziele sind sehr weit und grob formuliert, sollten aber trotzdem überschaubar sein. Hierbei geht es um die Formulierung eines Idealzustands, der beispielsweise nach einem Jahr erreicht werden soll. Sie stellen für die Klienten eine Orientierung da, die sie sich immer wieder vor Augen führen können. Dabei ist es besonders wichtig, Leitziele positiv auszudrücken um so die Klienten zu motivieren. Außerdem sollten sie kurz und leicht verständlich sein, um keine Verwirrung zu verbreiten und Missverständnisse auszuschließen.

Teilziele:

Auf der mittleren Zielebene befinden sich die so genannten „Teilziele" durch die laut Definition des Bundesministeriums für Familien, Senioren, Frauen und Jugend „das Leitziel inhaltlich und zeitlich eingegrenzt, konkretisiert und meist in zwei oder mehrere Teilziele zerlegt" wird.[13] Teilziele gliedern somit das Leitziel und geben Impulse für die Formulierung von Handlungszielen. Sie sollten ferner eine positive Herausforderung für den Klienten darstellen, gleichzeitig aber auch realisierbar sein. Weiterhin sollten Teilziele Ergebnisse zur Folge haben, die den Klient motivieren und aus denen gelernt werden kann.

Wie die übergeordneten Leitziele müssen auch Teilziele klar und eindeutig formuliert werden, allerdings sollten sie nicht zu engmaschig sein, damit verschiedene Handlungsziele darunter zusammengefasst werden können.

---

[13] Bundesministerium für Familie, Senioren, Frauen und Jugend: Zielfindung und Zielklärung – ein Leitfaden, Heft QS 21, Material zur Qualitätssicherung in der Kinder- und Jugendhilfe, Bonn 1999.

Handlungsziele:

Handlungsziele sollen exakt ausdrücken, welcher Zustand in einem bestimmten, typischerweise kurzen Zeitraum von einigen Wochen eintreffen soll. Die Attribute dieser Zielkategorie werden am besten s.m.a.r.t. ausgedrückt:

S – spezifisch

M – messbar

A – akzeptabel

R – realistisch

T – terminiert sein [14]

2.3.4. HILFEPLANUNG

Nach Formulierung der oben beschriebenen Zielkategorien wird der eigentliche Hilfeplan erstellt, in dem alle Beteiligten, inklusive etwaig beteiligter Institutionen, Aufgaben erhalten und ein Vertrag geschlossen wird. Die endgültige Festlegung des Hilfeplans folgt dann in der so genannten Hilfekonferenz, in der das bislang stattfindende Fallgeschehen besprochen wird und über die Hilfen entschieden wird. An einer Hilfekonferenz nehmen neben dem Case Manager wenn möglich auch der Klient sowie andere Beteiligte, die an dem Hilfeprozess mitwirken, teil. Durch die Erfahrungen die bis zu diesem Zeitpunkt in der Arbeit mit dem Klienten gemacht wurden, wie beispielsweise die erforderliche

---

[14] vgl. Neuffer, Manfred, 2009, S. 96 ff.

Intensität der Betreuung, können der Zeitaufwand und der Personalschlüssel ermittelt werden.

Zum Schluss sollte festgelegt werden, in welchem Zeitraum der Hilfeprozess überprüft und reflektiert bzw. evaluiert wird, um eventuell notwendig werdende Zusatzmaßnahmen frühzeitig anstoßen zu können.[15]

2.3.5. Unterstützungsprozess in Gang setzen, beobachten und steuern

Unmittelbar nach Festschreibung des Hilfeplans sollten die konkreten Hilfestellungen für den Klienten in Gang gesetzt werden. Der Case Manager übernimmt hier eine koordinierende Rolle und ist dafür zuständig, die verschiedenen Hilfsangebote aufeinander abzustimmen und sie zu vernetzen. Dies wird im Case Management auch als „Linking" bezeichnet. Eine weitere Aufgabe des Case Managers besteht darin, den Klienten, insbesondere am Anfang, zu den Hilfsangeboten und Einrichtungen zu begleitend und unterstützend sowie motivierend auf ihn einzuwirken.

Wenn die Vernetzung der einzelnen Angebote hergestellt ist, beginnt die Phase des Monitorings für den Case Manager. Er beobachtet, begleitet und steuert den Hilfeprozess und koordiniert weiterhin die einzelnen Angebote. Falls der Case Manager in diesem Prozess feststellt, dass verschiedene Maßnahmen oder Ziele nicht durchgeführt oder erreicht werden können, findet in der Regel ein Re-Assessment statt. Dabei wird

---

[15] vgl. Neuffer, Manfred, 2009, S. 114 ff.

der Hilfeprozess neu erarbeitet und eventuell andere Hilfen, Ziele oder Zeitspannen festgelegt. Hierbei übernimmt der Case Manager die Rolle eines Kontrolleurs, indem er die einzelnen Hilfestellungen auf ihre Ergebniseffizienz hin überprüft. Dies soll jedoch nur dem Klienten mit dem Ziel zu Gute kommen, dessen Situation zu verbessern und sollte nicht negativ auf die Beteiligten im Hilfeprozess wirken.[16]

2.3.6. BEENDIGUNG DER UNTERSTÜTZUNG

Auf Grundlage des Monitoring entscheidet der Case Manager wann die Unterstützung zu beenden ist. Manche Ziele sind schneller erreicht als geplant und lassen den Prozess ein rasches Ende finden, im Idealfall werden die gesetzten Ziele in der vorgegebenen Zeit erreicht und weitere Hilfe ist nicht mehr nötig. Es kommt allerdings auch vor, dass Klienten den Prozess vorzeitig abbrechen. Gemäß Neuffer (2009: S. 127) sollte es das Ziel eines qualifizierten Abschlusses sein:

- „das Beenden der Unterstützung und Maßnahmen bewusst zu gestalten (Entpflichtung)

- den gesamten Hilfeverlauf anhand der Ziele zu reflektieren und auszuwerten

- weiterführende Maßnahmen, sofern notwendig, nach einer abschließenden Einschätzung einzuleiten."

---

[16] vgl. Neuffer, Manfred, 2009, S. 120 ff.

Eine nachfolgende Betreuung ist nicht immer geplant, dennoch könnte durch verschiedene Hilfsmittel, wie Fragebögen, Befragungen am Telefon oder ein persönliches Nachgespräch der Hilfeprozess evaluiert werden. Eventuell könnten auch dadurch neue Hilfebedarfe entdeckt werden.[17]

Neuffer (2009) hat in seinem Buch nur diese sechs Phasen für den Ablauf des Case Managements betrachtet. Auf Grundlage der Ausführungen von van Riet und Wouters (2002) sowie Stimmer (2000) möchte ich im Folgenden auch die Evaluation als weitere Phase des Case Managements vorstellen.

2.3.7. EVALUATION

In dieser letzten Phase nimmt der Case Manager eine Art Erfolgskontrolle vor. Es wird geprüft, ob die gesetzten Ziele erreicht wurden und auch, ob die im Prozess eingesetzten Methoden und Verfahren effektiv waren. Das Ergebnis dieser Evaluation sollte auch dem Klienten sowie dem beteiligten Ausführungsteam mitgeteilt werden.

Stimmer (2000: S. 63) hebt in diesem Zusammenhang hervor, dass die Evaluation während und auch nach dem ausgeführten Hilfeprozess sehr wichtig ist: „Wenn die Evaluation im Prozessverlauf ernst genommen wird, kann das zu Neueinschätzungen (reassessment) der Situation führen und veränderte Maßnahmen nötig machen."

---

[17] vgl. Neuffer, Manfred, 2009, S. 127 ff.

2.4. Case Management in der sozialpädagogischen Arbeit mit Erwachsenen

Da es in unserem Seminar „Sozialpädagogik der Lebensalter" insbesondere um die einzelnen Altersabschnitte des Lebens, speziell des Erwachsenenalters, geht, werden im folgenden Abschnitt einige entsprechende Einsatzmöglichkeiten des Case Managements sowie ein Modellprojekt vorgestellt.

Wendt und Löcherbach (2006: S. 46 f) beschreiben die vielschichtigen Einsatzmöglichkeiten des Case Managements wie folgt:

„Der Anteil fallorientierter Sozialer Arbeit wird auf 75% geschätzt und erstreckt sich unter anderem auf die klassischen Arbeitsbereiche wie Altenhilfe, Arbeitslosigkeit, Berufshilfen – berufliche (Re-)Integration, Arbeit mit Migranten, Arbeit mit Menschen mit Behinderung, Gefährdetenhilfe, Suchtkrankenhilfe [...], Krankenhaussozialdienst, Psychiatrie, Rehabilitation."[18] Daran wird ersichtlich, in welch vielschichtiger Weise Case Management zum Einsatz kommen kann.

Bei dem Modellprojekt „Case Management in der Suchtkranken- und Drogenhilfe" wurde im Zeitraum von 1995 bis 2000 die Methode des Case Managements für Drogenabhängige und Suchtkranke getestet. Dabei ging es vor allem darum, die Versorgung des Klientels zu verbessern und die Effektivität des Gesamthilfeprozesses zu steigern. Hierzu ein Zitat, welches die zukünftige Arbeit der Case Manager auf den Punkt bringt: „Die

---

[18] Wendt, Wolf Rainer / Löcherbach, Peter: Case Management in der Entwicklung. Economica Verlag 2006, S. 46 f.

Mitarbeiter sollten chronisch mehrfach beeinträchtigt Abhängige (besser) auffinden, Kontakt aufbauen und halten, sie zu Veränderung motivieren und nach einer ausführlichen Informationssammlung gemeinsam mit den Klienten individuelle Ziele festlegen und eine umfassende Hilfeplanung durchführen."[19]

Außerdem sollten die Case Manager die Klienten durch den „Dschungel" der Hilfsangebote führen und ihnen die angemessene Hilfe vermitteln. Im Zuge des Projekts wurden 1660 Klienten, mit einem Durchschnittsalter von 38 Jahren, im Rahmen des Case Managements intensiv betreut, wobei die Mitarbeiter meist in Sucht- und Drogenberatungsstellen tätig waren. Die Case Manager konnten in diesem Modellprojekt viele Klienten in der Betreuung halten und mit ihnen individuell arbeiten, wobei einige Klienten nur kurzfristig und andere langfristig betreut wurden. Für 41,2% der Klienten wurden Hilfepläne erstellt. Dieser auf den ersten Blick geringe Wert erklärt sich durch das hohe Maß an Beratung und direkter Betreuung, wobei kein Hilfeplan notwendig war. 17,2 % brachen die Betreuung, meist wegen ihres Krankheitsbildes, vorzeitig ab. Bei 38,9 % wurde die Betreuung allerdings planmäßig und mit Erfolg abgeschlossen, wobei einige Hilfeprozesse nach Ende des Projekts noch weitergeführt werden mussten.[20] 67% der Klienten konnten durch die Hilfen ihre Gesamtsituation stabilisieren und verbessern [21],wie folgendes Zitat zeigt: „Unter Berücksichtigung spezifischer Bedarfe der Zielgruppe wurde eine angemessene Form von Case

---

[19]Im Auftrag des Bundesministerium für Gesundheit, Projektleitung Hans Oliva: Case Management in der Suchtkranken- und Drogenhilfe, http://www.fogs-gmbh.de/pdf/cm_endbericht.pdf, 2001, (Stand: 10.04.10).
[20] Im Auftrag des Bundesministerium für Gesundheit, 2001, S. 88.
[21] Im Auftrag des Bundesministerium für Gesundheit, 2001, S. 90.

Management/nachgehender Sozialarbeit entwickelt und belegt, dass diese Methode für chronisch mehrfachbeeinträchtigte Abhängige geeignet ist."[22]

Ein weiteres praktisches und sehr aktuelles Beispiel ist momentan in Kaiserslautern zu verfolgen. Dort wurden zum 01.01.2010 von der Stadt Fallmanager in der Eingliederungshilfe eingeführt. Die Mitarbeiter, die als Fallmanager eingesetzt werden sollten, haben eine 20-tägige Fortbildung absolviert, um die nötigen Arbeitsprozesse zu erlernen und optimal als Fallmanager arbeiten zu können. Um die Umsetzung greifbarer zu machen, wurden folgende Leitziele festgelegt:

- „passgenaue Hilfen für die Leistungsberechtigten

- verbesserte Prozessbegleitung und aktive Einbindung des Klienten

- engere Zusammenarbeit mit vorrangigen Leistungsträgern

- Sicherstellung eines effizienten Einsatzes der finanziellen Mittel im Verhältnis zur Leistung

- Schaffung eines bedarfsorientierten Angebots für Menschen mit Behinderung

- Intensivierung der Zusammenarbeit mit den Anbieter

- mehr Wettbewerb zwischen den Anbietern."[23]

Unter anderem werden die Fallmanager Abläufe der ambulanten Eingliederungshilfe bearbeiten sowie die stationäre

---

[22] Im Auftrag des Bundesministerium für Gesundheit, 2001, S. 3.
[23] Henrich, Franz: Einführung eines Fallmanagements in der Eingliederungshilfe beim Referat Soziales der Stadt Kaiserslautern ab dem 1.1.2010, 2009 Stadt Kaiserslautern, S. 1.

Eingliederungshilfe in Wohnheimen für Menschen mit Behinderungen betreuen.

Die Fallmanager werden hier bei den Neufällen einen THP (Teilhabeplan) anfertigen und diesen in Fallkonferenzen mit den jeweiligen Beteiligten beschließen.[24]

---

[24] ebenda.

3. Multiperspektivische Fallarbeit

Der Begriff der multiperspektivischen Fallarbeit basiert auf Burkhardt Müller, der diesen als einen „gemeinsamen Sockel sozialpädagogischer Handlungskompetenz" bezeichnet hat.[25] Multiperspektivische Fallarbeit berücksichtigt bewusst neben der Beziehungsarbeit zwischen Sozialarbeiter (Sozialpädagoge) und Klient, die in der klassischen sozialen Einzelfallhilfe von besonderer Bedeutung ist, auch die komplexen Rahmenbedingungen der sozialen Arbeit sowie die spezifischen institutionellen Rahmungen.[26] Unter diesen komplexen Rahmenbedingungen wird nicht nur die Seite des Klienten betrachtet, sondern auch die der professionellen.

Professionelle Fallarbeit wird von einer bloßen sachgerechten Dienstleistung folgendermaßen unterschieden. Theoretischer Weitblick mit Standfestigkeit und Kreativität, kompetentes Ertasten von ungewissen Handlungschancen, verbunden mit der notwendigen Geduld kennzeichnen die Seite der professionellen Fallarbeit.[27]

---

[25] vgl. Müller, Burkhard: Sozialpädagogisches Können. Ein Lehrbuch zur multiperspektivischen Fallarbeit. 4. vollständig neu überarbeitete Auflage, Lambertus 2006, S. 11-22.

[26] vgl. Universität Hamburg: Institut für Deutsche Gebärdensprache und Kommunikation Gehörloser. http://www.sign-lang.uni-hamburg.de/projekte/slex/seitendvd/konzepte/l53/l5306.htm. (Stand: 14.04.2010).

[27] vgl. Schröer, Wolfgang / Stiehler, Steve: Lebensalter und Soziale Arbeit. Erwachsenenalter, Schneider Hohengehren, 2009. S. 161.

Michael Galuske erwähnt in seinem Buch „ Methoden der Sozialen Arbeit" folgende Definition der multiperspektivischen Fallarbeit:

> „Unter multiperspektivischem Vorgehen verstehe ich demnach eine Betrachtungsweise, wonach sozialpädagogisches Handeln bewusste Perspektivenwechsel zwischen unterschiedlichen Bezugsrahmen erfordert. Multiperspektivisches Vorgehen heißt z.b., die leistungs- und verfahrensrechtlichen, die pädagogischen, die therapeutischen und die fiskalischen Bezugsrahmen eines Jugendhilfe-Falles nicht miteinander zu vermengen, aber dennoch sie als wechselseitig füreinander relevante Größen zu behandeln."[28]

Ziel der multiperspektivischen Fallarbeit ist es, durch den ständigen Wechsel der Perspektiven die Komplexität des Handlungsfeldes zu erfassen und damit die Wechselwirkungen zu erkennen. Dabei darf der Sozialpädagoge weder die Komplexität unzulässig reduzieren, noch sich in der Fülle der Einzelheiten verlieren.

Es ist wichtig anzumerken, dass die Fallarbeit sich nicht auf die Klärung von Zuständigkeiten beschränken kann, auch nicht eine ganzheitliche Sichtweise verträgt, sondern spezifischer eine mehrdimensionale Sichtweise beansprucht.[29]

Als Arbeitshilfe wird der multiperspektivischen Fallarbeit nahegelegt, einen Fall von drei möglichen Perspektiven

---

[28] Galuske, Michael: Methoden der Sozialen Arbeit. Eine Einführung. 7. überarbeitete Auflage, Juventa 2007 S. 187.
[29] vgl. Müller, Burkhard, 2006, S. 40.

ausgehend zu behandeln bzw. zu untersuchen: „Fall von...", „Fall für..." und „Fall mit..." (Fallanalyse).

Die multiperspektivische Fallarbeit verläuft dabei in Phasen, von der Anamnese über die Diagnose und Intervention, bis hin zur Evaluation. Die in der Einleitung genannten Fälle und Phasen werden nun im folgenden Teil der Ausarbeitung der multiperspektivischen Fallarbeit genau beschrieben und erklärt.

4. Die Fallperspektiven

Unter diesem Gesichtspunkt der sozialen Arbeit ist anzuführen, dass die Terminologie *„Fall von", „Fall für", „Fall mit"* sich nach Burkhard Müller an den alltäglichen Sprachgebrauch anlehnt. Im Folgenden werden diese drei Dimensionen näher betrachtet, um zu veranschaulichen, dass es sich hier nicht um isolierte Realitäten handelt, sondern um unterschiedliche Zugangsweisen der Erschließung eines praktischen Zusammenhanges. Entscheidend möchte ich darauf verweisen, dass es das Ziel sein soll, die Dimensionen *„Fall von...", „Fall für...", „Fall mit..."* zu unterscheiden, aber immer zwischen ihnen pendeln zu können. Denn es ist sehr gut möglich, dass die Auslegung eines Falles als *„Fall von"* angesehen wird, aber mit einer anderen Sichtweise es sich um einen *„Fall für"* und *„Fall mit"* handelt.[30]

---

[30] vgl. Müller, Burkhard, 2006, S. 42.

4.1. Fall von...

Als *„Fall von"* bezeichnet Burkhard Müller die Perspektive, den Fall als die rechtliche Kategorie oder die Norm zu sehen. Im *„Fall von"* wird immer die Ebene des Verwaltungshandelns (Öffentlich Verwaltung) angesprochen. So kann es sich z.B. um einen *„Fall von"* Eingliederungshilfe oder auch Erziehungshilfe handeln. Hier ergibt sich oft die Diskussion, ob Sozialpädagogen in diesem Bereich überhaupt eine Aufgabe zu erfüllen haben, oder ob es nur eine Arbeit für Bürokraten sei, in der ausschließlich Sachwissen gefragt ist. [31]

Verwaltungswissen konfrontiert mit dieser Falldimension, in der es darum geht, Allgemeines in konkretes, auf den Einzelfall bezogenes Handeln sinnvoll umzusetzen, verlangt oft mehr als nur Rechtsvorschriften zu kennen und korrekt anzuwenden. Oft kommen Sozialpädagogen z.B. mit Fällen von Obdachlosigkeit Erwachsener in Berührung. Deshalb ist die Verwaltungsseite keineswegs die einzige „anerkannte Allgemeine" dem solche Fälle zuzuordnen sind. Als *„Fall von"* werden solche Aspekte immer mit einbezogen, soweit Beachtung für ein sozialpädagogisches Handeln notwendig ist. Man kann also festhalten, dass es dabei immer um eine fachgerechte Herstellung einer sogenannten „Wenn - Dann - Beziehung" geht. Dies bedeutet allgemein gesprochen, zwischen dem jeweiligen Fall und dem sogenannten „anerkannten Allgemeinen". Unter dem „anerkannten Allgemeinen" wird z.B. das SGB (Sozialgesetzbuch) verstanden. Das Gesetz hat hier laut Burkhard Müller den Charakter eines

---

[31] vgl. Müller, Burkhard, 2006, S. 42.

„Konditionalprogramm". Das heißt, hier werden die Bedingungen und Folgen formuliert, die je nach eintreten eines Falles greifen. Im Buch wird folgendes Bespiel erwähnt, welches sehr schön verdeutlicht, wie die „Wenn - Dann - Beziehung" aufgebaut ist.

> „Wenn Mütter oder Väter alleine für ein Kind zu sorgen haben, dann haben sie Anspruch auf Beratung und Unterstützung bei der Ausübung der Personensorge einschließlich der Geltendmachung von Unterhalts- oder Unterhaltsersatzansprüchen des Kindes oder Jugendlichen" - SGB VIII § 18,1."[32]

Deutlich wird, dass dieses und auch viele andere Beispiele nicht nur eine Falldimension beschäftigen, sondern gleichzeitig auch auf die anderen Falldimension hinweisen. Denn will man jemanden beraten, muss derjenige es „MIT" dem Klienten tun. Sollen irgendwelche Ansprüche geltend gemacht werden, wird die aktuelle Situation zum *Fall für* z.B. ein Gericht. An diesen Beispielen ist sehr schön zu erkennen, in wie weit die einzelnen Falldimensionen ineinander übergehen.

---

[32] Müller, Burkhard, 2006, S. 43.

4.2. Fall für...

Der *"Fall für"* beinhaltet sehr oft den Anspruch einer ganzheitlichen und alltagsorientierten Arbeit, der ein Sozialarbeiter ständig unterworfen ist.[33] Die Erwartungen, die an einen Sozialpädagogen gestellt werden, gehen oft über das „Mögliche" hinaus bzw. die Komplexität des "Ganzen" ist oft nicht ohne fremde Kompetenzen zu bearbeiten. Ein Fall, in all seinen Facetten zu bearbeiten, ist ohne die erwähnten fremden Kompetenzen oft nicht zu bewältigen. Genau an dieser Stelle liegt das sehr große Problem eines Sozialpädagogen, nämlich dem seines Ansehens in der Öffentlichkeit. Viele Sozialpädagogen leiden regelrecht darunter, dass sie in der Öffentlichkeit als "halbkompetent" dahin gestellt werden.

Der *"Fall für"* beschäftigt sich ebenfalls mit der Frage der Zuständigkeit von Personen und Institutionen, etwa wie Schule, Arbeitgeber, Gericht oder auch der Facharzt im *„Fall für".*[34]

In der „Sozialpädagogischen Fallarbeit" geht es immer darum etwas einzuschätzen, auf etwas zu reagieren und selbst anzuregen, was andere Instanzen in einem Fall tun würden. Genau aus diesem Grund ist der Aspekt der sogenannten „Ganzheit", den ich schon beschrieben habe, sehr wichtig, auch wenn diese „Ganzheit" nicht ohne fremde Kompetenzen erreichbar ist. Ziel sollte es aber immer sein, möglichst auch mit anderen, zur Verfügung stehenden Mitteln (Kompetenzen), einen

---

[33] vgl. Galuske, Michael, 2007, S. 188.
[34] vgl. Müller, Burkhard, 2006, S. 49 ff.

Fall fachgerecht zu durchleuchten und zu bearbeiten. Genau dies ist der Anspruch, der von einem Sozialpädagogen zu erfüllen ist.

Herr Müller beschreibt in seinem Buch „Sozialpädagogisches Können" das Beispiel einer Frau W., die aufgrund einer Ehekrise ein Alkoholproblem bekommt, die Ehe zu Bruch geht und Frau W. dazu noch das Sorgerecht für ihren Sohn an den Vater abgeben muss. In diesem beschriebenen Fall muss sich der Sozialpädagoge eventuell folgende Fragen stellen:[35]

- Was bedeutet es für den Sozialpädagogen, dass Frau W. zum *Fall für* die Psychiatrie wird,
- Was bedeutet es, dass sie von dort aus zum *Fall für* das Vormundschaftsgericht wird,
- Welche Bedeutung hat die Krankheit von Frau W. für die Fähigkeit selbstverantwortlich zu arbeiten.

Auch hier ist ebenfalls das Problem zu nennen, dass in der sozialpädagogischen Arbeit solche Fragen gestellt werden müssen, diese aber kaum aus eigener Fachkompetenz beantwortet werden können. Das Fachwissen, um welches es hier geht, ist nicht das zu wissen, was ein Rechtsanwalt weiß, sondern zu wissen, wie man einen solchen Rechtsanwalt antrifft, wie man dessen Fähigkeiten einschätzt und beurteilt, wie man den Klienten in dieser Sache berät und wie man z.B. das Kosten (Honorar) - Problem löst. Den Fall als *„Fall für"* zu bearbeiten, heißt das Wissen über ein „anerkanntes Allgemeines" zu nutzen und ganz wichtig, gekonnt auf den Fall anwenden. Hier geht es allerdings

---

[35] vgl. Müller, Burkhard, 2006, S. 50.

um eine andere Art von" Allgemein", nämlich nicht um spezifische Gesetze, Regeln und Verfahren, sondern mehr um Zusammenhänge, Wissen wo man sich informieren kann, Wissen wohin der Sozialpädagoge verweisen soll und wie man sich einen Zugang verschaffen kann. Es handelt sich also um eine ganz besondere Art von Wissen, die Burkhard Müller im Buch „Sozialpädagogisches Können" als sogenanntes „Verweisungswissen" bezeichnet.[36] Unter dieses „Verweisungswissen", so Galuske, fallen die Gründe zu kennen, die ihre Klienten gleichzeitig zum Fall für andere Instanzen macht, die Folgen verstehen zu können, die dies für die Betroffenen selbst und den eigenen Umgang mit dem Klienten hat und natürlich die Bedingungen zu kennen, unter denen es darauf ankommt, auf kompetente Weise an andere Instanzen zu verweisen.[37]

---

[36] vgl. Müller, Burkhard, 2006, S. 52
[37] Vgl. Galuske, Michael, 2007, S. 189

4.3. „Fall mit"

Im *Fall mit* geht es um eine konkrete sozialpädagogische Arbeit in Verbindung mit dem zu betreuenden Klienten. Nimmt der Klient die Hilfe eines Sozialpädagogen in Anspruch, so ist es immer das Ziel dieser Arbeit, in Zusammenarbeit mit dem Klienten, nach einer konkreten Lösung eines bestehenden Problems zu suchen.

Auch in diesem Abschnitt der multiperspektivischen Fallarbeit ist ebenfalls das sogenannte, und vorher schon beschriebene „allgemein Anerkannte" zu finden. Burkhard Müller definiert im *Fall mit* das „allgemein Anerkannte" in seinem Buch über „Sozialpädagogisches Können" als „Beziehungswissen" oder auch das „Wissen über humanen Umgang miteinander".[38] Grundsätzlich bedeutet dies, anerkannte Regeln eines menschlichen Umgangs, wie z.B. Regeln von Formen oder Rücksichtnahme auf Schwächere zu beachten. Im Bezug auf die *Fälle* kann man festhalten, je schwieriger, komplizierter oder verstrickter solch ein Fall ist, um den es geht, desto schwieriger wird es oder kann es werden, die grundlegenden Regeln des menschlichen Miteinanders einzuhalten.

Damit überhaupt eine pädagogische Interaktion, ein *Fall mit*, hergestellt werden kann, müssen der Pädagoge und der Adressat überhaupt einem Punkt finden, unter dem sie produktiv zusammen arbeiten können.

---

[38] vgl. Müller, Burkhard, 2006, S. 62.

Jede Fallbeschreibung als *„Fall mit"* unterscheidet sich in drei Arten von jeder Art der Fallbeschreibung, die als technische Anwendung einer „anerkannten Allgemeinen", als *„know how"* funktioniert.

1) Die Arbeit im *„Fall mit"* ist die Bewältigung von Ungewissheit (gegenseitiges Vertrauen)

2) Pädagogisches Handeln hat den Charakter eines bi-subjekten Handelns, d.h. es gehören neben dem eigentlichen Thema / Verhandlungsgegenstand immer mindestens 2 Personen dazu: Der Pädagoge und natürlich der Adressat.

3) Die pädagogische Arbeit muss nicht nur diese Abhängigkeit vom Mitmachen des Klienten als Faktor akzeptieren, sondern sie muss sich auch gestehen, das was sie selbst will, gar nicht zu erreichen ist, denn was gewollt wird, kann nur von dem anderen (Klienten) hervorgerufen werden.[39]

---

[39] vgl. Müller, Burkhard, 2006, S. 61.

5. Prozess der professionellen Fallarbeit

Dieser Teil meiner Ausarbeitung beschäftigt sich mit einem sehr bekannten Modell des „professionellen Arbeitens". Es handelt sich dabei um die Einteilung in Anamnese, Diagnose, Intervention und Evaluation. Diese genannten vier Schritte können teilweise als einzelne Methoden der sozialen Arbeit bezeichnet werden. Im folgenden Teil dieser Hausarbeit werden diese Schritte (Anamnese, Diagnose, Intervention und Evaluation) genauer beschrieben.

5.1. Anamnese

Das Wort „Anamnese" stammt ursprünglich aus dem Griechischen und bedeutet so viel wie „Wiedererinnerung".[40] In der Sozialen Arbeit wird die Anamnese als das Verfahren zum Erfassen, Dokumentieren und Systematisieren von klientenbezogenen Informationen verwendet. Ziel ist eine möglichst breite Informationsbeschaffung. Diese gewonnenen Daten können als Grundlage für eventuelle spätere Diagnosen/Prognosen verwendet werden und dienen gleichzeitig als Planung für die Einzelfallhilfe in der sozialen Arbeit.[41]

Es ist sehr wichtig zu erwähnen, dass die vorher gewonnenen Daten, meist aus der sogenannten Eigenanamnese stammen, d.h.

---

[40] vgl. Müller, Burkhard, 2006, S. 67.
[41] vgl. Universität Hamburg: Institut für Deutsche Gebärdensprache und Kommunikation Gehörloser.
http://www.sign-lang.uni-hamburg.de/projekte/slex/seitendvd/konzepte/l53/l5306.htm. (Stand: 14.04.2010).

vom Klienten selbst angegebene Informationen sind. Im Gegensatz dazu steht die Fremdanamnese. Hier bekommt der Sozialpädagoge weitere Informationen über den Klienten von Eltern oder Familienangehörigen. Sehr deutlich wird, dass die notwendigen Informationen und Daten aus sehr verschiedenen Quellen zusammen gesucht werden. Bei der anstehenden Bewertung dieser Daten, muss berücksichtigt werden, dass die Gültigkeit der Angaben durch verschiedene Fehlerquellen beeinträchtigt sein kann. Diese Fehlerquellen können sowohl auf Seite des Sozialpädagogen, als auch auf der des Klienten liegen.

Die Eingrenzung des Relevanzbereiches der Fallbearbeitung ist als ein weiterer wichtiger Punkt in diesem Zusammenhang anzuführen. Im Bereich der Anamnese geht es im Wesentlichen um die Rekonstruktion der Vorgeschichte des zu bearbeitenden Falles.

Laut Michael Galuske konkretisieren sich 5 Arbeitsregeln im Rahmen der sozialpädagogischen Anamnese:

1) „Anamnese heißt, einen Fall wie einen unbekannten Menschen kennen zu lernen.

2) Anamnese heißt, den eigenen Zugang zum Fall besser kennen zu lernen.

3) Anamnese heißt, sich eine Reihe von Fragen zu stellen: Was weiß ich genau? Wie kam es dazu? Wie komme ich zu der Geschichte darüber? Welche Geschichte gibt es noch dazu?

4) Anamnese heißt, unterschiedliche Sichtweisen und Ebenen des Falles nebeneinander zu stellen.

5) Anamnese ist nie vollständig. Sie muss es auch nicht sein. Sie beginnt immer wieder von neuem".[42]

---

[42] Galuske, Michael, 2007, S. 190.

5.2. Diagnose

Die Bezeichnung „Diagnose" kommt ebenfalls, wie der Begriff der Anamnese, aus dem Griechischen und bedeutet übersetzt „Auseinander Erkennen", „durch und durch erkennen"[43] oder einfach umschrieben „ Durchblick".[44]

In diesem Teil der professionellen Fallarbeit geht es um auseinanderlegen, sortieren und gewichten von vorhandenen Aspekten. Es gilt die Frage, was ist zu tun, für den Augenblick oder auch langfristig, zu beantworten. Oft sind die Bereiche der Anamnese und der der Diagnose nicht immer klar zu trennen, d.h. sie verlaufen in gewisser Weise etwas ineinander über. Wenn es z.B. um eine Vorklärung einer Fallbearbeitung geht, gibt es im diagnostischen Bereich ähnliche Aufgaben, die auch im Bereich der Anamnese zu finden sind.

Indikation oder Kontraindikation werden in diesem Bereich der Diagnose als Beispiel genannt. Diese beiden Begriffe kommen ursprünglich aus dem medizinisch/therapeutischen Bereich und sollen klären, welche Behandlungsart angewendet werden soll, um eine falsche Vorgehensweise zu verhindern. Desweiteren sind eine Reihe von Fragen zu erwähnen, die in dieser Phase im Mittelpunkt stehen sollten. Darunter fallen die Fragen: „Was ist das Problem?", „Wer hat welches Problem?", „Was ist in der konkreten Situation zu tun?", „ Wer hat welches Mandat?" und „Welche Ressourcen sind zur Problembehandlung vorhanden?".[45]

---

[43] vgl. Neuffer in Fachlexikon der sozialen Arbeit, herausgegeben vom Deutschen Verein für öffentliche und private Fürsorge e.V., Nomos, 6. Auflage 2007, S. 201 f.
[44] vgl. Müller, Burkhard, 2006, S. 68.
[45] vgl. Galuske, Michael, 2007, S. 191.

5.3. Intervention

Der Begriff der Intervention kommt aus dem Lateinischen und bedeutet so viel wie „dazwischen treten" oder „dazwischen kommen"[46].

Das Wort Intervention wird allgemein als ein „dazwischen treten" in Form einer Person und deren Problem angesehen. Dieser Bereich der professionellen Fallarbeit bezeichnet ein Eingreifen in eine konkrete, oft akute Problemsituation des Klienten. Der Sozialarbeiter greift in dieser Phase, mittels Intervention, zum Schutz des in dieser Situation befindlichen Menschen ein, indem er z.b. rechtliche Schritte einleitet, mit dem Ziel, eine Schädigung des Klienten zu verhindern.[47]

Der Sozialarbeiter übt dabei einen rechtlichen oder faktischen Zwang aus, denn ohne diesen Zwang, d.h. also ohne Maßnahmen, die in das Selbstbestimmungsrecht des Problembeteiligten eingreifen, kann von Intervention nicht die Rede sein. In welcher Art und Weise der Sozialarbeiter vorgeht, hängt natürlich von der konkreten Problemsituation ab.[48]

Desweiteren werden unter dem Begriff der sozialpädagogischen Intervention die Möglichkeiten des sozialpädagogischen Angebots, d.h. ohne Machtausübung des Sozialarbeiters und die

---

[46] vgl. Müller, Burkhard, 2006, S. 68.
[47] vgl. Galuske, Michae,. 2007, S. 191 ff.
[48] vgl. Universität Hamburg: Institut für Deutsche Gebärdensprache und Kommunikation Gehörloser.
http://www.sign-lang.uni-hamburg.de/projekte/slex/seitendvd/konzepte/l53/l5306.htm. (Stand: 14.04.2010).

des gemeinsamen Handelns, d.h. mit der Berücksichtigung von Wünschen des Klienten, verstanden.[49]

Michael Galuske argumentiert in seinen Arbeitsregeln zur sozialpädagogischen Intervention damit, dass „eingreifendes Handeln" (Machtgebrauch) notwendig und oft unvermeidlich ist. Dabei dürfen aber solche Eingriffe vorhandenes Potenzial der Selbstbestimmung nicht zerstören. Deshalb sind erniedrigende Eingriffe sowie das einsetzen von Gewaltmitteln, um den Menschen zu bessern oder glücklicher zu machen, illegitim. Unter legitimen Zielen von Eingriffen sind die Abwehr unmittelbar drohender Gefahren und die Verteidigung von Rechten zu verstehen.[50]

---

[49] vgl. Galuske, Michael, 2007, S. 192.
[50] vgl. Galuske, Michael, 2007, S. 191 ff.

5.4. Evaluation

Das Wort „Evaluation" kommt aus dem Lateinischen und bedeutet „Auswertung".[51] Dieser Teil der professionellen Fallarbeit schließt einen Fall ab und bringt eine Auswertung zum Vorschein. Ob getroffene Entscheidungen, eingesetzte Hilfen, verwendete Methoden zum Ziel geführt haben, wird in diesem Bereich der professionellen Arbeit untersucht.

Desweiteren kann sich ein Teil der Evaluation auf das überprüfen der Rechtmäßigkeit von den Vorgehensweisen und Entscheidungen beziehen. Bei der Evaluation einer Fallarbeit ist es von großer Bedeutung zu unterscheiden, ob der betreffende Fall vom Endpunkt eines Prozesses betrachtet wird, d.h. von einen unparteiischen Außenstandpunkt überprüft wird (externe Evaluation) oder die Evaluation als kontinuierliche und (selbst)reflektierende kritische Methode der Begleitung von Fallarbeit angesehen/verstanden wird.[52]

Die sozialpädagogische Evaluation, so Michael Galuske, thematisiert die Kontrolle der eigenen Entscheidungen im Hinblick auf Angemessenheit und Effektivität. Berichte, Dokumentationen, Teamgespräche oder auch Praxisforschung sind Instrumente dieser Selbstevaluation. Diese ist gebunden an gewisse Voraussetzungen. Um nur einige Beispiele zu nennen, kann man hier anführen, dass Selbstevaluation freiwillig sein muss, sie kann

---

[51] vgl. Universität Hamburg: Institut für Deutsche Gebärdensprache und Kommunikation Gehörloser. http://www.sign-lang.uni-hamburg.de/projekte/slex/seitendvd/konzepte/l53/l5306.htm. (Stand: 14.04.2010).
[52] vgl. Müller, Burkhard, 2006, S. 69.

nicht erzwungen werden und sie erfordert ein gewisses Maß an Zivilcourage.[53]

6. Gegenüberstellung der Methoden

Da die Konzepte des Case Managements und der multiperspektivischen Fallarbeit, wie in den vorangegangenen Kapiteln beschrieben, viele Überschneidungen aufweisen, stellt eine klare Abgrenzung der beiden Methoden eine wissenschaftliche Herausforderung dar. Im folgenden Abschnitt wird diese Problematik aufgegriffen indem die zentralen Differenzen und Gemeinsamkeiten der Konzepte klar und akzentuiert herausgearbeitet werden.

Eine grundlegende Gemeinsamkeit der Konzepte ist, dass diese vom gleichen Berufsfeld ausgeführt werden. Beide werden von Pädagogen bzw. Sozialarbeitern und Sozialpädagogen in ihrer täglichen Arbeit eingesetzt.[54]

Weitere Berührungspunkte der Methoden sind deren Ressourcenorientierung sowie klientenzentrierte Fokussierung. Denn sowohl das Case Management als auch die multiperspektivische Fallarbeit versuchen sämtliche Ressourcen bzw. Fähigkeiten, des Klienten zu erkennen und diese positiv in den Hilfeprozess einfließen zu lassen. Allerdings wird bei der Methode des Case Managements vermehrt darauf geachtet, die

---

[53] vgl. Galuske, Michael,. 2007, S. 193.
[54] Neuffer in Fachlexikon der sozialen Arbeit, herausgegeben vom Deutschen Verein für öffentliche
und private Fürsorge e.V., Nomos, 6. Auflage 2007, S. 162.

Verwandten und das soziale Umfeld des Klienten an dem Prozess teilhaben zu lassen und daher auch deren Ressourcen zu beachten.[55] Die multiperspektivische Fallarbeit hingegen betrachtet nur den Klienten aus unterschiedlichen Perspektiven mit dem Ziel, einen mehrdimensionalen Blick auf den Klienten zu erhalten.[56] Deshalb wird in der multiperspektivischen Fallarbeit sehr stark klientenzentriert gearbeitet, was im CM eher sekundär eingebracht wird.

Da das Case Management wie auch die multiperspektivische Fallarbeit durch verschiedene Phasen gekennzeichnet sind, haben wir diese näher betrachtet und es treten hier einige Ähnlichkeiten auf. Die erste Phase des CM und der multiperspektivischen Fallarbeit beinhalten jeweils die Informationssammlung. Dabei gibt der Klient selber Informationen über seine Situationen dem Sozialarbeiter weiter. Außerdem werden durch sein soziales Umfeld, Ärzte, andere Einrichtungen etc. Informationen gesammelt. Sie sind sich also in ihrer Struktur sehr ähnlich.[57]

Die Phase des Assessments des CM und die Phase der Diagnose in der multiperspektivischen Fallarbeit weisen auch dieselbe Intention auf. Im CM wird an diesem Punkt eine „psychosoziale Diagnose" erstellt um angemessene Hilfen finden und anbieten zu können.[58] Das Sortieren, Zuordnen und Gewichten der vorliegenden Informationen sowie die Diagnose wird hier in der multiperspektivischen Fallarbeit vorgenommen. Diese beiden ersten Teilbereiche, Anamnese und Diagnose der

---

[55] vgl. Neuffer, Manfred, 2009, S. 74 ff.
[56] vgl. Müller, Burkhard, 2006, S. 42 ff.
[57] vgl. Neuffer, Manfred, 2009, S. 65.
[58] vgl. Neuffer, Manfred, 2009, S. 74 ff.

multiperspektivischen Fallarbeit sind sehr eng miteinander verknüpft.[59] Im CM wird zusätzlich in dieser Phase auch noch eine Prognose über den Hilfeprozess erstellt.

Die dritte Phase der multiperspektivischen Fallarbeit, die Intervention, teilt sich in drei Bereiche auf, nämlich der Eingriff in die Situation durch Machtausübung (rechtliche Schritte), Angebote, die durch den Sozialarbeiter bestimmt aber vom Klient ausgesucht werden können und gemeinsames Handeln, wobei der Klient Wünsche und Bedürfnisse zum Hilfeprozess einbringen kann.[60]

Diese Phase unterscheidet sich deutlich von der des CM, nämlich „Hilfebedarf und Entwurf der Unterstützungsleistungen", wobei verschiedene Hilfen festgelegt und Ziele des Hilfeprozesses in differenzierten Schritten schriftlich erarbeitet werden.[61]

Allerdings werden bei beiden Methoden in dieser dritten Phase die Hilfen bzw. die Hilfsangebote erarbeitet.

Die Phasen Hilfeplanung, Unterstützungsprozess in Gang setzen, beobachten und steuern sowie die Beendigung der Unterstützungsleistungen als die letzte Phase werden nur im Konzept des CM aufgeführt und entfallen komplett in der multiperspektivischen Fallarbeit.

Zum Ende des Prozesses wird jedoch bei beiden Konzepten die Evaluation als finale Phase angegeben, in der es um die Auswertung und Erfolgskontrolle des Hilfeprozesses geht.[62]

---

[59] Vgl. http://www.sign-lang.uni-hamburg.de/projekte/slex/seitendvd/konzepte/l50/l5087.htm
[60] vgl. Galuske, Michael, 2007, S. 192.
[61] vgl. Neuffer, Manfred, 2009, S. 96 ff.

Ausschlaggebend für die Differenzen von Case Management und multiperspektivischer Fallarbeit sind jedoch die unterschiedlichen Ziele. Die multiperspektivische Fallarbeit versucht durch den Perspektivenwechsel die Komplexität des Handlungsfeldes zu erfassen und damit die Wechselwirkungen zu erkennen.[63]

Im Case Management geht es hingegen vorrangig um die Koordination verschiedener Hilfsangebote für den Klienten und die evtl. daraus folgende Hilfeplanung und Hilfekonferenz, um die Angebote finanzieren zu können.[64]

---

[62] Stimmer, Franz, 2000, S. 63.
[63] vgl. Müller, Burkhard. 2006, S. 40.
[64] Neuffer in Fachlexikon der sozialen Arbeit, herausgegeben vom Deutschen Verein für öffentliche
und private Fürsorge e.V., Nomos, 6. Auflage 2007, S. 162.

7.   Schluss und Resümee

Im Zuge der Hausarbeit haben wir uns intensiv mit Case Management und multiperspektivischer Fallarbeit beschäftigt.

Die multiperspektivische Fallarbeit von Burkhard Müller stellt einen konkreten Leitfaden für die Praxis dar und kann in der alltäglichen Arbeit eines Sozialarbeiters als Nachschlagewerk genutzt werden. Außerdem wird der Sozialarbeiter in diesem Konzept immer wieder zur Reflexion angehalten um den spezifischen Fall aus verschiedenen Perspektiven zu betrachten. Allerdings ist die fehlende Verbindung zwischen der Phase der Diagnose und der Phase der Evaluation ein großer Nachteil um den Hilfeprozess lückenlos ausführen zu können.

Das Case Management ist eine ganzheitliche Methode, die jedoch durch die vielen verschieden ausgeführten und ausgearbeiteten Phasen und die eher unklaren Handlungskompetenzen keine absolute Eindeutigkeit mit sich bringt.

Zur Beantwortung unserer Forschungsfrage konnten wir, nach einer genauen Abgrenzung der Methoden des Case Managements und der multiperspektivischen Fallarbeit, in Kapitel 6 einige beträchtliche Unterschiede feststellen. Da es aber bei beiden Konzepten auch einige eindeutige Gemeinsamkeiten gibt und das Case Management beispielsweise durch einen multiperspektivischen Blick auf den Klienten ergänzt und die multiperspektivische Fallarbeit durch verschiedene Phasen des CM ausgebaut werden könnte, wäre es für uns eine zukunftsweisende Idee die beiden Konzepte als „multiperspektivisches Case Management" zu kombinieren.

Während der Bearbeitung und Durchsicht der Literatur ist uns bewusst geworden, wie viele unterschiedliche Ansätze zur praktischen Arbeit die Soziale Arbeit bzw. die Sozialpädagogik bietet. Dennoch ist es für jeden Sozialpädagogen wichtig, eine persönliche Handhabung zu entwickeln, in der er verschiedene Methoden miteinander verknüpft.

Deshalb sind wir der Ansicht, dass es von großer Bedeutung ist, sich in der sozialpädagogischen Praxis einer Methodenvielfalt bedienen zu können, auch um auf etwaige fallspezifische Veränderungen flexibel reagieren zu können.

8. Literaturverzeichnis

Bundesministerium für Familie, Senioren, Frauen und Jugend: Zielfindung und Zielklärung – ein Leitfaden, Heft QS 21, Material zur Qualitätssicherung in der Kinder- und Jugendhilfe, Bonn 1999.

Galuske, Michael: Methoden der Sozialen Arbeit. Eine Einführung. 7. überarbeitete Auflage, Juventa 2007.

Henrich, Franz: , Einführung eines Fallmanagements in der Eingliederungshilfe beim ReferatSoziales der Stadt Kaiserslautern ab dem 1.1.2010, 2009 Stadt Kaiserslautern

Im Auftrag des Bundesministerium für Gesundheit, Projektleitung Hans Oliva: Case Managementin der Suchtkranken- und Drogenhilfe, http://www.fogs-gmbh.de/pdf/cm_endbericht.pdf, 2001, (Stand: 10.04.10).

Müller, Burkhard: Sozialpädagogisches Können. Ein Lehrbuch zur multiperspektivischen Fallarbeit. 4. vollständig neu überarbeitete Auflage, Lambertus 2006.

Neuffer, Manfred: Case Management – Soziale Arbeit mit Einzelnen und Familien. 4. überarbeitete Auflage Juventa 2009.

Neuffer in Fachlexikon der sozialen Arbeit, herausgegeben vom Deutschen Verein für öffentliche und private Fürsorge e.V., Nomos, 6. Auflage 2007.

Schröer, Wolfgang / Stiehler, Steve: Lebensalter und Soziale Arbeit. Erwachsenenalter, Schneider Hohengehren, 2009.

Stimmer, Franz: Grundlagen des Methodischen Handelns in der Sozialen Arbeit. Kohlhammer 2000.

Universität Hamburg: Institut für Deutsche Gebärdensprache und Kommunikation Gehörloser. http://www.sign-lang.uni-hamburg.de/projekte/slex/seitendvd/konzepte/l53/l5306.htm. (Stand: 14.04.2010)

Van Riet, Nora / Wouters, Harry : Case Management – Ein Lehr- und Arbeitsbuch über dieOrganisation und Koordination von Leistungen im Sozial- und Gesundheitswesen. Interact 2002.

Wendt, Wolf Rainer / Löcherbach, Peter: Case Management in der Entwicklung. Economica   Verlag 2006.

www.ingramcontent.com/pod-product-compliance
Lightning Source LLC
Chambersburg PA
CBHW071137280526
45787CB00003B/1317